COLLECTI
LILLOIS
—
XI

LE SIÈGE DE LILLE

DE 1708

PAR

DELILLE

＊

LILLE

LELEU, Libraire, rue Neuve, 11

—

1908

LE SIÈGE DE LILLE DE 1708

XI

PETITE

COLLECTION

LILLOISE

—

XI

LE SIÈGE DE LILLE

DE 1708

PAR

DELILLE

*

LILLE

LELEU, Libraire, rue Neuve, 11

—

1908

LE BICENTENAIRE DU SIÈGE DE LILLE

de 1708

ET LE MARÉCHAL DE BOUFFLERS

—

*Elle ne l'a vraiment pas volée la cou-
ronne murale dont est surmonté son écu,
notre bonne ville de Lille, la ville aux sept
sièges.*

*Depuis l'an 1055 que le comte Baudouin
la sertit de remparts de terre et de gazon,
son enceinte fut toujours hérissée de tours
à créneaux et à mâchicoulis, de redans,
de tenaillons, de contrescarpes, de bas-
tions et de demi-lunes.*

*Les rois, les princes, les ducs, les comtes
enviaient la possession d'une si forte ville*

et se ruaient à qui mieux mieux pour l'assaillir.

Couronnement suprême de sa carrière de forteresse, Lille, en 1792, subit le fameux bombardement de huit jours qui inscrivit, en lettres de feu, au livre de l'Histoire, son héroïque résistance et les angoisses de ses habitants, victorieux quand même de l'Autrichien, au milieu des débris croulants de leurs maisons éventrées.

Mais la gloire de ce bombardement, les fêtes somptueuses qui l'ont magnifié en maintes reprises, les monuments érigés, ont effacé, même dans la mémoire de nos concitoyens, les sièges antérieurs où nos aïeux s'étaient pourtant aussi couverts de gloire.

Tel ce siège de 1708, où notre ville de Lille résista, depuis le 12 août jusqu'au 22 octobre, aux attaques des armées alliées et ne se rendit qu'au moment où elle allait être emportée d'assaut.

L'attaque eut lieu à la porte d'eau de la Basse-Deûle et c'est là que la tranchée fut ouverte. Pendant plus de deux mois, on se battit corps à corps dans des mêlées sanglantes, on se canonna à bout portant, on fit pleuvoir les grenades, sauter les fougasses et éclater les mines, si bien qu'à la fin du siège, tant tués que blessés, les assiégeants avaient perdu 13.000 hommes et les Français 11.000.

Les bombes et les boulets pleuvaient par milliers sur la ville, éventrant les édifices, comme la collégiale Saint-Pierre, incendiant les maisons et les établissements publics, tel le Mont-de-piété.

De son côté, l'artillerie des assiégés faisait sauter les caissons de l'ennemi et mettait le feu à ses magasins à poudre.

De terribles combats se livraient dans la tranchée : le 7 septembre, les Alliés laissèrent sur le terrain plus de 3.000 hommes tués et blessés.

Cependant une armée française de se-

cours parcourait le pays, attendant l'occasion favorable de délivrer la ville. Mais cette armée était commandée par le duc de Bourgogne, prince bon et généreux, mais général de peu d'initiative, tenant avant tout à ménager la vie de ses soldats, estimant qu'il valait mieux une ville perdue qu'une armée massacrée.

Pendant les atermoiements du duc de Bourgogne, les travaux d'attaque progressaient et la brèche fut ouverte.

C'est de ce moment surtout que les efforts de l'armée et du peuple se multiplièrent. Excités par l'exemple de Boufflers qui ne quittait plus les remparts ni le jour, ni la nuit pour encourager ses troupes, tous, officiers et soldats, bourgeois et gens du peuple, firent des prodiges de courage.

Bien que, par crainte des représailles de l'ennemi, Boufflers, dès le début du siège, eût refusé le concours actif des compagnies bourgeoises des canonniers, archers, arbalétriers et tireurs d'épée, le vieux sang patriote de nos aïeux bouillonne dans leurs veines et l'on ne put les empêcher de se dévouer corps et âme pour la patrie et de tout sacrifier pour la défendre.

Fallait-il traîner au rempart des canons ou des mortiers, mille bras s'offraient pour les hisser. Boufflers réclamait du linge, des literies pour les malades et les blessés : nos ménagères lilloises s'empressaient de déchirer en bandelettes leurs belles chemises de toile de Hollande. Il fallait du plomb pour fondre les balles, on arrachait les gouttières des maisons ; pour armer les troncs des arbres de l'Esplanade abattus et déracinés afin d'obstruer les brèches du rempart, on enlevait les barreaux des fenêtres et on fournissait une telle quantité de fer qu'il en restait assez pour forger une grille qui barrerait le passage à l'ennemi.

On se défendait en désespérés et l'on

n'hésita pas à employer des moyens empruntés aux luttes du moyen âge et de l'antiquité. On empêche l'accès de la brèche par des feux et des brasiers ardents de fagots goudronnés. En prévision de l'assaut, on entretient des chaudières d'huile bouillante que l'on se tient prêt à déverser sur les assaillants. On prépare des pièces d'étoffes soufrées qu'on aurait jetées tout enflammées sur les soldats et qui les auraient enveloppés dans des tourbillons de flammes dévorantes.

Bref, tous, officiers, soldats, bourgeois en étaient arrivés à ce paroxysme de la fièvre du siège qui rend comme fous d'héroïsme et d'abnégation ceux qui n'ont plus qu'un objectif : vaincre ou mourir.

Boufflers avait su faire passer toute l'ardeur de son courage dans l'âme des assiégés et tous ne s'inspiraient plus que de la noble devise qu'il avait fait frapper sur la monnaie obsidionale :

Pro defensione urbis et patriæ.

(Pour la défense de la ville et de la patrie).

Pourtant le 22 octobre tout fut fini pour la ville : il fallait à tout prix éviter un assaut et un pillage que l'exaspération et les souffrances des troupes alliées eurent rendus terribles.

La brèche était praticable, Boufflers, la mort dans l'âme, dut faire battre la chamade et arborer le drapeau blanc pour demander la capitulation. Tout était perdu, fors l'honneur.

*
* *

C'est ce fait d'armes, cette épopée que la Commission historique a voulu commémorer à la date du bicentenaire du siège.

Elle a donc pris l'initiative d'ériger un monument rappelant cette résistance héroïque de l'armée et des bourgeois ayant à leur tête le gouverneur de la ville, Boufflers.

Elle a trouvé un de ses membres, M. Émile Dubuisson, architecte, professeur à l'École des Beaux-Arts de Lille, qui a mis son talent à sa disposition pour faire le projet du monument qui consistera en une pyramide de pierre de Soignies, haute de cinq mètres. Ce monument portera cette inscription :

A Boufflers et aux défenseurs de Lille
en 1708.

L'emplacement de cette pyramide a été choisi dans le jardin du bois de Boulogne, à proximité de la Citadelle où Boufflers se défendit encore jusqu'au 8 décembre.

Le concours indispensable de M. le Préfet du Nord, du général Davignon, commandant le 1er corps d'armée et de la municipalité lilloise a été très gracieusement accordé à la Commission et, vers la fin d'octobre prochain, l'inauguration pourra avoir lieu avec toute la pompe qu'elle mérite.

Grâce donc à la Commission historique un oubli regrettable va être réparé et la gloire de Boufflers et des défenseurs de Lille va être rappelée à la mémoire de tous.

J'aurais voulu que tous les moyens fussent employés pour glorifier ce fait d'armes qui eut un retentissement considérable à l'époque, dans l'Europe entière.

J'aurais souhaité que tous les arts : sculpture, peinture, gravure, musique, eussent célébré à l'envi les hauts faits de nos aïeux. Malheureusement ce n'est qu'à la longue qu'on peut mettre en branle pour un souvenir, même glorieux, le talent de nos artistes.

Faute de statue, faute de cantate, j'aurais désiré faire frapper de nouveau, à un certain nombre d'exemplaires, la monnaie obsidionale que Boufflers dut créer pour suppléer au manque de numéraire.

Les treize coins d'acier existent encore au musée et il aurait été facile, à mon

sens, d'opérer une refrappe. Malheureusement je me suis heurté à des objections, entre autres à celle-ci : qu'il est contraire à toutes les règles de la numismatique d'opérer une frappe nouvelle d'une pièce ancienne, même avec les coins originaux.

Peu compétent en la matière, j'ai dû m'incliner, en regrettant de ne pouvoir de nouveau étaler aux yeux de nos concitoyens la fière devise inscrite sur le revers du jeton :

Pro defensione urbis et patriæ.

J'ai donc dû réduire mes ambitions à des proportions plus modestes.

C'est alors que j'ai songé à publier une petite brochure reproduisant un document peu connu relatif au siège de 1708 et à Boufflers.

Puisse cet hommage restreint mais sincère être jugé suffisant par les Lillois qui s'intéressent à leur histoire locale et aux exploits et à l'énergie de leurs aïeux.

DELILLE

Le *Journal des Assiegez* de la
ville de Lille, que nous publions
ci-après, est un petit livret de 32
pages, sans lieu ni date d'impression et sans nom d'imprimeur.

Toutefois, son aspect typogra-
phique et son style caractéristique
permettent d'en attribuer, presque
à coup sûr, la paternité à un Lillois,
et l'impression à un imprimeur du
pays.

On n'en connaît que deux exemplaires, l'un, dans ma bibliothèque,
l'autre existe à la Bibliothèque de
la ville. Ce dernier, outre le *Journal
des Assiegez,* contient la capitulation.

Le *Journal des Assiegez* de la ville de Lille prise par le Pr. Eugène de Savoie, et de ce qui s'est passé depuis le 12 d'aoust de l'an 1708 jusques au 25 d'octobre de la mesme année.

Le **douze du mois d'aoust** 1708 plusieurs paysans apportèrent la nouvelle que l'armée des Alliez marchoit à grand force pour venir investir la Ville de Lille, quelque heures apres on a apperceu l'avant garde et quelques parties detachées sont venues au Fauxbourg de la Magdelaine pour faciliter la marche de leur armée qui passoit au Pont à Marque, pour aller à l Abaye de Marquette sur la Basse Deusle, et comme il estoit nécessaire de gagner ce

Pont pour investir la Ville, ils ont fait un détachement de grenadiers, estant arrivé audit pont ont fait des rudes décharges tant de part que d'autre, s'en sont rendus maistres, et la garnison des François qui gardoit ledit Pont, s'est retiré dans la Ville par la porte de Saint André.

Le Gouverneur de la ville fit faire un détachement de Grenadiers soutenus des Dragons et Cavaliers, et plusieurs parties de la Ville qui y estions auparavant ont escarmouché pendant toute l'après midy dans le Fauxbourg de la Magdelaine et dans la pleine de Marquette, qui est à la portée du canon de la Ville, et l'Armée du Prince Eugène se campa sur ladite pleine entre Marque et Marquette ; le Gouverneur voyant que les Assiegeans avancoient beaucoup à la faveur des maisons du Fauxbourg de la Magdelaine, il commanda à des Grenadiers d'y mettre le feu, pour tant mieux de couvrir à l'entour de la Ville.

Le **13** les assiegeans défilerent par leur droite et leur gauche pour investir la Ville, la droite défilant par le Pont de Marquette pour aller à Lambersart et l'Homme, et ils passerent ce mesme jour au travers de l'Abaye de Los, où le Prince Eugène y prit son quartier, la gauche passa près du Village de Flers pour aller à le Zenne et à Thumesnil, et au Moulin de l'Arbrissaux, tant que la Ville fut investie de toute part, les canons de la Ville et de la Citadelle, et du Fort de Saint Sauveur n'ont fait que tiret pour empescher leur approche. Le mesme jour on brula le Fauxbourg de Fives.

Le **14** on a apperceu du rampart qui travailloient à faire leurs lignes de circonvallations.

Le **15** on a apperceu du Pont de Canteleu que les Assiegeants levoient la terre près de la Chapelle de la Ladrie, qui est sur le Chemin d'Armentières, que l'on a cru qu'ils vouloient faire une batterie pour battre la Redoute du Pont de Canteleu, on a appris par des deserteurs que ce n'estoit que pour mettre leur grand garde à couvert des coups de biscayen qui venoient de la Redoute du Pont de Canteleu.

Le **16** le Gouverneur fit mener trois pièces de canons de douze sur la hauteur du Moulin du Pont de France qui battoient au-dessus des innondations de la Ville, à cause des Marodeurs qui venoient depuis Esquermes jusqu'à la rivière au-dessus du Pont de Canteleu, la nuit suivante ont mit le feu au maisons au dela du pont de Canteleu qui est sur le pavé d'Armentières.

Depuis le **17 au 18** on ne fit que tirer quelque volee de canon sur les Assiegeans qui s'aprochoient trop près de la Place.

La nuit du **18 au 19** ils ont levé la terre à la portée du canon de la Citadelle, que l'on a cru qu'ils vouloient ouvrir la tranchée, mais on appris par des pionniers que c'estoit pour mettre une autre grand garde à couvert.

Il ne s'est rien passé de considérable

jusqu'au **22**, si non que les Assiegeans establirent une batterie sur la hauteur du Trou, qui tira le mesme jour sur la Cense de la Vacherie, où il y avoit cent vingt grenadiers François.

Le **23** à une heure après midy, ils ont repoussé la grand garde des assiegez qui estoit au Moulin de la Magdelaine jusqu'à l'Église, la nuit suivante ils ont ouvert la tranchée depuis la rivière de la porte d'eau jusqu'à la hauteur du Fauxbourg de la Magdelaine.

Le **24**, ils tirent sur la Chapelle de la Magdelaine d'une batterie qu'ils avoient de trois pièces de canons, situé sur la hauteur du Moulin.

La nuit du 24 au 25 les assiegeans firent un détachement de trois cens grenadiers pour prendre la nouvelle forteresse de la Chapelle de la Magdelaine où il y avoit cent grenadiers François les ayant entouré de toute part foncèrent dans leur retranchement la bayonnette au bout du fusil, les assiegeans après avoir jetté quantité de grenades dans cet ouvrage entrerent dedans le sabre à la main, le reste des grenadiers François, après s'avoir bien deffendus, furent obligez de se rendre aux assiegeans, à la reserve de trois qui sont sauvez dans le chemin couvert de la Ville à la faveur des coups de fusils.

La mesme nuit ils se sont aussi rendus maistres de la Cense de la Vacherie, où les assiegeans ont levé la terre pour se mettre à couvert du canon de la Ville.

Le **25** ils ont travaillé pour faire une batterie de quarante pieces de canons et de douze Mortiers, sur la hauteur du Trou.

Le **26** sur les 6 à 7 heures du soir, l'on fit une sortie de deux cens grenadiers, avec des dragons et de la cavailerie pour les soutenir, joint à cinq ou six cens hommes qui éttoient dans la place d'arme, on repoussa les assiegeans de la Chapelle de la Magdelaine, mais nos dragons qui les poursuivoient, voyant nostre Cavalerie venir derrière, crut que c'estoit celle des assiegeans qui venoit pour les enveloper, c'est qui les fit retourner, la défence a esté très belle, nous y perdismes fort peu de monde.

Le **27** les assiegeans commencerent à tirer entre 7 et 8 heures du matin, pour tacher de demonter les batteries des assiegez, ils ont tiré cette journée environ six mille coups de canons, et ils ont jetté environ trois cens bombes qui ont beaucoup inquietez les assiegez.

« Il y eut parmi les habitants un moment de terreur indicible, les femmes, les vieillards se précipitaient dans les églises en pleurant, les hommes s'empressaient de mettre en sûreté ce qu'ils avaient de plus précieux ; en un mot, l'effroi était général et les Lillois, voyant une grêle de boulets s'abattre sur leurs toits et entendant le tapage infernal produit par 72 pièces de 24 qui tonnaient à la fois, avaient perdu pour un instant toute confiance. D'un autre

côté, les ouvrages de la Magdeleine et de
la Porte-d'Eau étaient fort endommagés et
les ingénieurs reconnurent que plusieurs
brèches étaient devenues praticables. »

Le **28** ils ont continué à faire deux braiches à chaque costé de la porte d'eau.

La nuit du **28** au **29** les assiegeans ont
fait un detachement pour gagner une
forteresse de terre, situé au second Moulin
de la porte de St André, ayans este repoussez une fois, à la deuxieme s'en sont rendu
maistre, et ont poursuivis les assiegez
jusqu'au premier Moulin ; quelque heure
après un capitaine de grenadiers François
est sorti des palissades avec un détachement, et a repoussé les assiegeans de cette
forteresse, il y s'est fait une perte assez
considerable tant d'une part que d'autre.

Le **30** le Gouverneur fit travailler à la
nouvelle forteresse qui environnoit les
deux costez de la grande braiche en deçà
du rampart, pour se tant mieux deffendre
pour quand ils voudroient monter à l'assaut.

La nuit du **30 au 31** les assiegez ont mis
le feu au Moulin que l'on avoit voulu prendre la nuit d'auparavant afin de voir claire
la nuit pour empescher leurs approches le
plus qui leur seroit possible.

Le **premier** de septembre il tomba une
bombe dans un grenier appartenant à la
maison du Mont de Pieté, où le feu a pris,
de sorte que ledit Mont fut entierement
brulé, ce qui a causé grand domage
aux bourgeois et habitans de la ville, à
cause des draps, estoffes et habilement qui
estoient en gage en cet endroit.

La nuit du **premier au deux** ils ont avancé
leur batterie et achevé, le jour suivant ils
n'ont pas fait grand feu cette journée, ce
qu'il a donné matiere au peuple de Lille de
discourir que le secours avançoit et qui
avoient retiré leurs plus grosses pièces de
canons.

La nuit du **2 au 3** ils ont travaillé à la
sappe et ils ont avancé leur retranchement
fort près des chemins couverts, ils jetterent

quantité de bombes, pierres et grenades, au picquet du jour ils ont battu en braiche par des triples décharges d'artillerie, jusqu'à trois ou quatre heures aprés midy, que l'on auroit dit un tonnerre continuel.

La nuit du **3 au 4** Monsieur de S. paul ingénieur fut tué d'un esclat de bombe dans le chemin couvert de la Ville estant auprès du Gouverneur qui alloit rencourager ses soldats, le jour suivant un dragon du regiment de Bellille fit une bravade assez remarquable, est sorti des chemins couverts allant au pied du retranchement des assiegeants, et prit un balot de laine qui leur servoit de sacq à terre, le mit sur son dos et le rapporta dans les palisades, à la faveur des coups de fusils, sans qu'il eut receu la moindre blessure.

Le **5** on a veu faire de grands mouvements vers la porte des Malades en deca de leur tente et outre de leur lignes de circonvalation, que l'on a jugé que l'armée de Milord Malborough passoit sur la pleine entre le

Pont à Tresin et Lesquin, ou qu'ils allion reconnoistre l'armée du duc de Vendosme.

Le **6** ils ont tirez fort lentement et n'ont fait aucune approche, et ils ont restez fort tranquilles jusqu'au 7, à midy, vers les trois heures ils ont commencé à tirer le canon d'une manière toute extraordinaire, que ce n'estoit qu'un feu continuel jusqu'à 7 heures et demie du soir, en ce mesme temps ils ont fait des triples décharges de bombes et de grenades, et ont fait jouer leurs pierriez, que l'on auroit dit un enfer dans le temps de ce grand feu, ont avancé pour gagner le chemin couvert, portant des facines devant eux et soutenus par derriere par leurs gens bien armez, les assiegez firent un grand feu de mousqueterie, et le canon chargé à cartouche qui tiroit incessament a tué beaucoup de monde, en ce temp on fit jouer quelque mine, où il y avoit quelques détachemens dessus, qui furent ansevelis dans la terre, ayant esté repoussez deux fois, à la troisieme fois à force de facines et de gambions, sacq à terre et de ballots de laine qui apportoient incessamment, se sont logez contre les palissades près d'une place d'arme, avec une perte considerable des deux costez, puisque les chemins couverts et les glacis estoient couverts de corps morts.

Le **8** ils ont travaillé à grand force pour faire une batterie contre les palissades des chemins couverts.

La nuit du **8 au 9** le Gouverneur fit jetter des baguettes ou feu d'artifice au clocher de S¹ Sauveur que l'on à cru estre le signal d'avoir du secours à M. de Vendome.

Le **9** le Gouverneur de la Ville fit mener quantité d'instrumens de guerre à la braiche pour deffendre l'assaut, comme demie picques, allebardes, faux emmanchées à rebour, chevaux de frise bien de dix sortes armez de fer, des roux pour jetter des grenades et feu d'artifices, des canons chargez à cartouche à chaque costé de la braiche, des nouveaux instrumens faits avec quatre carreaux renfermez de poudre au milieu environnez de terre allentour garnis d'une fusée pour y mettre le feu grosse comme des demie bombes pour rouler du haut en bas de la braiche et quantité de fallot godronnez pour voir claire à leur approche.

Le **10** on a continué de mener des gros arbres à grand force à la braiche pour le reparer et les assiegans jetterent toujours quelques bombes et pierres pour inquiester les travailleurs qui reparoient ladite braiche.

' Le **11** on a veu de grand fumée à deux ou trois lieues de la Ville, qui s'estendoit depuis le Pont à Bouvigne jusqu'à vers Phalempin, que l'on a jugé que l'armée de France avancoit puisque qu'on a veu le feu à plusieurs maisons. Sur les cinq heures du soir on a entendu le canon vers cet endroit; que l'on a plus douté que les deux armées estions à la vue l'une de l'autre, puisque qu'on a entendu le canon jusqu'au le lendemain.

Le **12** pendant qu'on tiroit le canon vers les deux armées, on a fait une sortie vers l'attaque, croyant que les assiegeans estoient fort peu de monde dans leur retranchement, mais les assiegeans ayant parus en quantité, les assiegez furent repoussez vigoureusement, et ont eu plusieurs blessez et tuez.

Le **13** les assiegeans étans à la pointe du chemin couvert, ont levé la terre, et s'aprochant fort près des fossez vers une pointe du tenaillon à costé de la grand braiche.

Le **15** les assiegeans ont achevé une nouvelle batterie de dix à douze pièces, et ont battu fortement en braiche à la pointe du tenaillon, et une autre batterie battoit aussi en braiche au tenaillon dans le mesme endroit.

Le **16** estant fort près des fossez, ils ont jettez des facines avec des bastons et autres instrumens assez longs qu'ils ont comblé une partie du fossé pour aller à la pointe.

Le **18** on a appris par des pionniers que l'armée du Duc de Bourgogne estoit décampée, et qu'il ne trouvoit point à propos d'attaquer l'armée de Milord Duc de Malborough, mais plustost d'empescher le passage des munitions de guerre.

Le **20** on a jesté quelques carcasses de la Ville qui a mit le feu à leur facine qui avoient preparée pour combler les fossez, on a ausi mis le feu à quelque tonneau de poudre, bombes et grenades chargées près d'une batterie des assiegeans.

Le **21** le jour de S. Mathieu vers les six heures du soir, ils ont bien jetté quatre ou cinq cens bommes et quelques carcasses, et quelque heure après, ils ont monté à la braiche à la pointe du tenaillon et ont aussi monté au tenaillon mais ils furent repoussez par les assiegeans jusqu'à la pointe. On a fait un grand feu pendant quelque heure, les assiegeans et les assiegez se sont retranchez dans ladite pointe avec des tonneaux et des gambions et des morts qu'ils avoient esté tuez dans cette rude attaque, à ce mesme temps les assiegeans ont fait jouer une mine qui estoit sous les chemins couverts où il y en a eut une partie enseveli dans la terre, et on a continué de faire un grand feu de part et d'autre pendant la nuit.

Le **22** les assiegeans et les assiegez se sont retirez d'une pointe du tenaillon, en craignant tout deux la mine de son ennemy.

La nuit du **23** au **24** ils ont jetté quantité de bombes, quantité de pierres et grenades dans les travaux, et en ce mesme temps ils ont volu monter à l'assaut au tenaillon où ils furent repoussez avec une perte considérable, les assiegez ont aussi eu plusieurs tuez et blessez.

La nuit du **24** au **25** pendant le temps que l'on jettoit quantité de bombes, le Gouverneur fit faire un signal au clocher de S¹ Sauveur par des fallots allumez et ont a jetté du feu d'artifice de quart d'heure en quart d'heure pendant deux ou trois heures, sans que l'on eut pu juger pourquoi ce signal s'est donné, des particuliers ont dit que c'estoit pour faire conoistre le temps que l'on pouvoit encore tenir la Ville.

Le **26** il ne s'est rien passé de considérable, si non que le lieutenant Colonel du régiment de Belleville de dragon fut tué d'un coup de fusil en passant sur le pont de communication pour aller à une demie lune.

La nuit du **28 au 29** il sortit environ deux mille chevaux, tant cavaliers que dragons, chargez de soixante livres de poudre chacun, et quatre cens grenadiers, pour venir à Lille, sous le commandement du Chevalier de Luxembourg, qui leur commanda de mettre du verd au chapeau, venant le long du pavé, et arrivant à la grand garde des assiegeans ils se sont renommé de l'armée de Milord Duc de Malborough, ils ont passé environ dix huit cens hommes sans estre reconnus, les assiegeans ayant reconnu la surprise les ont coupé, et le feu a pris à la poudre, qu'il y en eut plusieurs tuez et brullez.

Le **30** on a apperceu du rampart des chariots des assiegeans qui amenoient quantité de facines vers l'attaque pour combler les fossez.

Le **premier** d'Octobre un Commandant des assiegeans leva la teste hors de son retranchement, et demanda à parler au commandant du tenaillon, pour scavoir s'il se vouloit rendre, luy dit s'il ne le faisoit pas, qu'il savoit ses ordres, le commandant François répondit que non et lui dit qu'il n'avoit qu'à faire son devoir pour le prendre et qui feroit son devoir pour le deffendre.

Le **2** les assiegeans establirent une batterie de trois pièces de canon à la pointe des palissades près la demie lune où il y a un cavalier situé au dessus entre les deux tenaillons.

Le **3** un sergent des assiegeants monta
par la braiche de la demie lune, où il y a
un cavalier dessus entre les deux tenaillons, accrocha la sentinelle des assiegez
avec son allebarde, puis montèrent à la
demie lune munis de grenades qui jetterent
de toute parte, les assiegez se voyant surpris, furent obligez de se jetter dans l'eau
pour se sauver, à la réserve de trois qui se
sont cachez sur la hauteur du cavalier, et
les assiegeans se sont retranchez dans
ladite demie lune malgré le grand feu que
l'on faisoit du rampart, les assiegez ont
aussi abandonné une pointe du tenaillon
de la droite, si bien que les assiegeans ont
esté les maitres des 2 tenaillons et de
la demie lune, et du cavalier où ils ont
trouvé cinq pieces de canon. Pendant cette
attaque Monsieur de Valorie Commissaire
d'artillerie fut blessé d'un éclat de bombe,
et mourut de sa blessure, et peu après il
tomba une bombe dans le magasin des
grenades, contre la porte d'eau, qui mit le

feu à plusieurs tonneaux de poudre, où les assiegez ont eu plusieurs tuez et blessez.

· Le **4** on a posé dix sept pieces de canons en batterie le long de la braiche du rampart, pour battre dans le cavalier, tenaillon et chemin couvert, et une batterie de trois mortiers derrière la braiche.

Le **5** sur les cinq heures du soir les assiegeans ont fait jouer plusieurs mines, et ont parus en quantité pour gagner le chemin couvert a la droite de la braiche, mais ils furent repoussez par les assiegez, et le canon du rampart chargé à cartouche leur a tué plusieurs soldats.

Le **6** les assiegeans ont fait des retranchemens soit haut dessus le cavalier, que les assiegez ont cru qui vouloient faire une batterie.

La nuit du **7** au **8** les assiegeans ont fait un retranchement allentour du batart d'eau sur la gauche de la porte d'eau dans le chemin couvert pour faire leur approche.

Le jour suivant **8** 8bre, à cinq heures du

soir les assiegeans ont fait jouer deux mines sous le chemin couvert, où les assiegez ont perdu huit hommes et un capitaine et en ce mesme temps sont venus pour gagner le chemin couvert portant devant eux des gambions et des facines, mais ils ont esté repoussez, les assiegez ont fait un detachement de grenadiers du régiment de Bellille dragon, avec chacun deux grenades, ils sont sorti par où l'on avoit fait jouer les mines, ont esté reconnoistre jusqu'à leur retranchement. En ce mesme temps les assiegez ont replanté des palissades dans l'endroit que les mines les avoit fait sauter. Cette action a esté assez rude de part et d'autre.

Le 9 on a commencé à tuer des chevaux pour donner la viande à la garnison de Lille, parce que les vaches et les moutons devenoient fort rares. Monseigneur de Boufflers a trouvé à propos de garder le reste des autres viandes pour les malades et blessez.

Le **10** on a fait courir un bruit dans la ville, que le Gouverneur avoit receu des nouvelles que l'armée de France avoit arresté le convoy des Alliez qui estoit sorty d'Ostende, pour venir à Lille, et qu'il y avoit eu un choque assez rude sans qu'on eut sceu le destail de cette action.

Le **11** les assiegeans ont travaillé à la sappe, s'avançant fort près des chemins couverts à la droite de la braiche.

Le **12** ils ont sortis de leur boiau pour gagner une place d'arme dans les chemins couverts, ils furent repoussé avec perte de quelque hommes.

Le **13** au matin il s'est donné encore une pareille attaque pour gagner ladite place d'arme. Mais les assiegez ont fait si grand feu, que les assiegeans furent obligé de leur retirer dans leur retranchement, avec perte de quelque homme.

A midy les assiegeans ont mis le feu à une mine sous les chemins couverts vis à vis la braiche à la gauche de la porte d'eau, où les assiegez ont perdu sept soldats et un capitaine, les assiegeans n'ont rien tenté après avoir fait jouer leur mine.

Mais à cinq heures du soir, ils ont donné encore une attaque à la mesme place d'arme que du matin, où les assiegez avoient trente hommes, qui se sont retirez, et les assiegeans estant dans ladite place d'arme, le canon du rampart chargé à cartouche, les fit retirer sans avoir eu le temps de s'y retrancher, et les assiegez ont laissé ladite place d'arme vacante craignant leur mine, les assiegeans s'y sont retranchez la nuit suivante.

Le **14** les assiegeans ont travaillé à la sappe et ont jetté la terre jusqu'à dans les fossez de la Ville.

Le **quinze** les assiegez ont fait une sortie des chemins couverts, où ils ont esté jusques dans le retranchement des assiegeans, croyant de combler un boyau qui avoit communication dans les chemins couverts qu'il avoient gagnez le jour d'auparavant, il s'est fait un grand feu de part et d'autre, que les assiegez furent obligez de se retirer, la perte a esté assez considérable des deux costez.

Le **16** les assiegeans ont continué de travailler dans les chemins couverts vis à vis la grande braiche, le mesme jour le Gouverneur a receu nouvelle du Duc de Bourgogne qu'il y avoit eu un combat entre les Alliez et Monsieur de la Motte et qu'une partie du convoy des munitions de guerre estoit passé pour venir à Lille, c'est ce qui a beaucoup inquiesté le Gouverneur de la Ville.

Le **18** les assiegeans ont fait une descharge bien de 70 grenades que les assiegez ont cru que c'estoit une épreuve pour quand ils voudroient monter à l'assaut.

Le **19** les assiegeans ont toujours aggrandy leurs boyaux près de la Rivière et ont apporté un grand nombres de facines.

Le **20** comme les assiegez avoient quantité de bois d'arbres au passage de la grande braiche, le Gouverneur commanda d'y mettre le feu pour empescher de monter à l'assaut.

Le **21** entre neuf et dix heures du matin, les assiegeans ont fait des rudes descharges de coups de canons, et ont fait une nouvelle braiche à la gauche de la porte d'eau, la nuit suivante il ont desmasquez plusieurs portes qui avoient sous terrain, et ont porté facines toute la nuit et ont comblez les fossez de la Ville.

Le **22** au matin on a veu quatre ponts presque achevez vis à vis des trois braiches qu'il y avoit au rampart, et le canon n'a point cessé de tirer jusqu'à quatre heures après midy à la nouvelle braiche, le Gouverneur voyant qu'il ne pouvoit faire aucun retranchement derrière la nouvelle braiche à cause de la Rivière qui est au dedans de la Ville au pied du Rampart, et qu'il craignoit la nuit suivante trois assauts généraux par les trois braiches qu'il avoit à garder, et craignant d'estre prit d'assaut,

il résolut de faire battre la chamade vers
les quatre heures après midy, et il fit poser
le drapeau blanc du Régiment de Turenne
sur la braiche pour demander à capituler.

FIN

LES BRIGADES ET REGIMENS

QUI ESTOIENT A LILLE PENDANT LE SIÈGE

PERMANGLE

Touraine deux Bataillons
Chasteauneuf une Bataillon.
Dutil un Bataillon.

COESQUEN

Coesquen deux Bataillons.
Brancas un Bataillon.
Carwaan un Bataillon.

SERVILLE

Villars, Greder et Phiffres 2 Bat.
Perigore un Battaillon.

RAVIGNAN

Foix deux Bataillons.
Razilly un Bataillon.
Angennes un Bataillon.

LA FOND

Pratamenne un Bataillon.
Fuzeliers d'Espagne un Bataillon.
La Fond un Battaillon.
Poyenne un Battaillon.

POUR L'ARTILLERIE

Luxembourg, Neuville, Conflans un Battaillon.
Real un Battaillon.
Cinquante Canonniers de Marine.
Soixante-quatre Arquebisiers.
Trente Canonniers détachez de l'armée et quinze Bombardiers.

DRAGONS

Bellille trois Escadrons.
Rannes trois Escadrons.
Dragons de Flandres quatre Compagnies.
Un détachement de Cavelerie de deux cens Maistres.
Les Invallides 12 Compagnie.
Et dix huit cens hommes tant Cavaliers que Dragons, qui ont entrez dans la Ville la nuit du 28 au 29 de Septembre, le tout faisant environ treize mille cinq cens hommes.

ANECDOTES DU SIÈGE DE LILLE
de 1708

LE COMTE DE BETTENDORF,
général des troupes palatines,
fait prisonnier.

---

*Le 22 août, quand la ville n'était pas
encore entièrement investie, le général de
Bettendorf se promenait avec son neveu
aux abords de la porte Saint-Maurice. Il
se plaisait à étaler sa science stratégique
et à expliquer le système de fortifications
au jeune homme. Il y mettait d'autant plus
de complaisance que quelques paysans.
vêtus de toile grise, semblaient l'écouter
avec beaucoup d'intérêt ; le brave général*

prenait plaisir à étaler sa science militaire et ses connaissances en fortifications, tout fier qu'on parût l'admirer. Tout à coup, les soi-disant paysans, qui n'étaient que des soldats déguisés, entourèrent et désarmèrent le général et son neveu et, les ayant garrottés étroitement, les emmenèrent dans la ville.

Du haut des remparts, les habitants, qui avaient vu cette scène plaisante, battirent des mains et poussèrent des acclamations moqueuses.

LE CAPITAINE DUBOIS

Dans les premiers jours du siège, le blocus n'était pas très rigoureux et Bouf-flers pouvait communiquer assez facilement avec le duc de Bourgogne, qui commandait l'armée de secours.

Mais, vers le 20 septembre, les lignes ennemies s'étaient resserrées et les communications avec la place étaient devenues presque impossibles. Le duc de Bourgogne avait besoin de savoir des nouvelles des assiégés.

Un capitaine du régiment de Beauvoisis, nommé Dubois, se chargea de porter à Boufflers les instructions du prince.

Il partit seul et se jeta dans les marais de la Haute-Deûle ; à travers les multiples canaux qui avoisinaient la ville et y pénétraient, il parvint à la nage dans la place assiégée. Il donna son message au maréchal de Boufflers et revint, par le même chemin, au camp du duc de Bourgogne, ayant franchi les lignes ennemies, après avoir couru mille dangers.

Il était porteur d'une lettre du gouverneur qui disait: « que tout allait bien dans la ville; que sa garnison, affaiblie par tant d'assauts soutenus et tant de sorties meurtrières, venait d'être renforcée par une multitude de jeunes gens de métier qui s'étaient enrôlés volontairement; que les bourgeois lui avaient offert leurs enfants s'il en avait besoin, que tout le monde, jusqu'aux dames, comme autrefois à Carthage, voulait avoir part au service du siège; que les plus qualifiées d'entre elles servaient ses malades et ses blessés dans les hôpitaux; que la citadelle enfin était munie d'artillerie, d'armes et de vivres en quantité suffisante pour soutenir un long siège. »

LE CHEVALIER DE LUXEMBOURG

Dès le 24 septembre, la poudre et les fusils menaçaient de manquer aux assiégés.

Mais, le 28 septembre, un secours important de munitions leur parvint.

Le chevalier de Luxembourg partit de Douai à la tête de 2.000 cavaliers, portant chacun un fusil et un sac de 60 livres de poudre.

Il avait fait arborer au chapeau de ses hommes une branche verte, qui était la couleur des soldats de Marlborough.

A la nuit, parvenus aux lignes des Alliés, on répond au Qui vive! des sentinelles par le cri de Vive Hollande! et l'on passe sans encombre.

1.500 cavaliers défilent imperturbablement devant les Hollandais, quand un officier s'écrie étourdiment en français :
Serre, serre. *Les soldats hollandais voient qu'ils sont joués et tirent quelques coups de fusil. Malheureusement, un des sacs de poudre se délie et la poudre, se répandant sur le sol, s'allume par une étincelle des fers des chevaux frappant sur les cailloux. L'explosion fait sauter une trentaine de cavaliers et 500 d'entre eux restent prisonniers des Hollandais.*

Cependant les 1.500 autres cavaliers, sans être poursuivis, sous la conduite de Luxembourg, parviennent à la porte des Malades et entrent dans Lille aux acclamations de la garnison.

Somme toute, outre ce renfort de 1.500 hommes et autant de chevaux, la place recevait un approvisionnement supplémentaire de 50 milliers de poudre et de 1.200 fusils.

LE CANONNIER JACQUES BOUTRY

Jacques Boutry, maître-charron, enrôlé depuis peu parmi les Canonniers lillois, rendit les plus signalés services pendant le siège de 1708.

Il travailla sans trève aux palissades qui bouchaient la brèche et aux bateaux armés de canons qui lançaient des projectiles et des matières enflammées sur les travaux d'approche de l'ennemi. Il accomplit de tels prodiges de valeur que « Monsieur le maréchal étant à visiter les brèches, dit un manuscrit du temps, à la date du 17 septembre 1708, et ayant vu un charron, nommé Boutry, non seulement s'exposer au péril, mais encore travailler avec tout l'avantage dont on pourroit se flatter de pouvoir espérer d'un de tous les hommes le plus sacrifié au service du Roi, il ne put s'empêcher de lui rendre des marques de reconnoissance, lui mettant de sa main l'épée au côté avec pouvoir de la porter en la suite, et puis lui fit mettre encore une cocarde blanche pour le mettre au nombre des fidèles serviteurs du Roi, et Monsieur le maréchal ajoute encore à cela la promesse de son avancement en s'engageant à lui procurer quelque appointement digne de son courage ».

Ce ne fut que le 15 septembre 1714 que Boutry reçut la confirmation officielle de la récompense que lui avait décernée Boufflers. Il existe, dans les archives des Canonniers, une pièce, signée du Roi, accordant à Jacques Boutry le droit de porter l'épée et de plus une pension annuelle de 300 livres, pour les services par lui rendus lors du siège de Lille de 1708.

Je me suis laissé dire que Jacques Boutry **a** laissé à Lille des descendants représentés par une honorable famille de Fives.

UN HÉROS ANONYME,

MARIE-JEANNE WILLAN

Il n'est pas douteux que Boufflers et le duc de Bourgogne employèrent pour correspondre maints émissaires secrets, tels ce « petit garçon » dont le nom est resté dans la plume de l'Histoire.

Il convient de ne pas oublier Marie-Jeanne Willan, de la paroisse Saint-Maurice, qui, en 1715, invoquait à l'appui d'une demande de prébende de l'hôpital Saint-Nicolas, les services qu'elle avait rendus au maréchal de Boufflers. Elle rappelait, dans sa requête au Roi, qu'elle avait été employée « pour aller et venir au travers de l'armée des Alliés avant et après le siège de Lille, au péril de sa vie porter des ordres secrets aux généraux et commandants » de l'armée du Roi. Elle ajoutait, qu'après la capitulation, elle avait été dénoncée au commandant de l'armée hollandaise et dépouillée de ses biens.

On ignore s'il fut fait droit à sa requête. Elle mourut le 18 novembre 1723, à l'âge de 64 ans.

MADELEINE CAULIER

Bien que l'histoire de cette servante de l'auberge du Tourne-Bride, à Avelin, ne repose sur aucun document d'archives et ne se trouve, pour la première fois mentionnée par Duthillœul, dans ses Petites histoires de Flandre et d'Artois, sa prouesse est devenue légendaire et ne peut être passée sous silence.

Apprenant que le duc de Bourgogne et Chamillart étaient en peine de trouver un émissaire pour porter un message à Boufflers, elle s'offrit bravement à remplir cette mission et parvint, après mille périls affrontés, à pénétrer dans la place.

Elle avait à Lille un frère qui servait dans les dragons : cette circonstance lui facilita le passage dans la ville.

N'osant plus retourner à Avelin, de peur de subir les représailles des Alliés qui occupaient le village, elle obtint de prendre du service dans les dragons et, sous un faux nom, elle prit part à la défense de Lille.

Après le siège, elle resta à l'armée, prit part à plusieurs combats et mourut glorieusement à la bataille de Denain.

BOULETS ET MITRAILLE

—

Maint bourgeois et bourgeoise payèrent
de leur vie l'imprudence qu'ils commirent
de s'aventurer par les rues au milieu du
fracas des bombes, des boulets et des feux
de mousqueterie.

Le 27 août, un nommé Anselme Willain,
porteur au sac, fut écrasé d'un boulet dans
la bonne maison, en face de l'hôpital
Comtesse.

Un garçon subit le même sort sur le
pont de Weppes.

Le 28 août, un homme fut tué d'un éclat
de bombe, sur la place aux Bleuets.

Le 1ᵉʳ septembre, un homme eut les deux
jambes emportées, rue de la Grande-
Chaussée ; le fils d'un charpentier de la

rue du Molinel fut écrasé d'un boulet.

Une jeune fille, assistant à la messe, à l'église Saint-André, eut l'épaule emportée d'un coup de canon.

Bref, il ne se passait guère de jour où il n'y eût des tués ou des blessés.

De notre côté notre feu ne laissait pas de faire quelque mal à l'ennemi.

Le 19 août, comme le canon donnait toujours du côté de Lambersart, on fut bien surpris d'apprendre que le valet de chambre de Monsieur de Nassau fut écrasé d'un boulet, comme il mettait la cravate à son maître, chez le curé du village.

Le 24 août, quelques boulets de canon vinrent donner brusquement en plein midi dans le centre de la ville à la maison du coin du curé Saint-Étienne.

Une plaque en marbre blanc, qui se trouvait dans la collection Quarré-Reybourbon et qui a été achetée pour le musée lillois, rappelait cet épisode. Elle porte une inscription ainsi conçue :

Ce fut en l'an 1708 la veille de Sᵗ Louis que ce brutalle (*sic*) Boulez vint se reposer sur le lit de Jean-Noël Pourchez joignant la maison du curé de Sᵗ Estienne.

Ayant posez ceci pour mémoire
Que Dieu en soit la gloire.

LE PARTISAN CHEVALLIER

On appelait partisans jadis les membres, officiers ou soldats, qui composaient des corps de troupes indépendants de l'armée régulière, quelque chose d'analogue à nos compagnies de francs-tireurs. Ces aventuriers, soldats remplis d'audace, étaient d'un grand secours pour les armées et accomplissaient souvent des actes héroïques.

Au siège de Lille, un de ces enfants perdus, le partisan Chevallier, tenait la campagne et il lui arriva souvent de ravitailler la place au moyen des prises de victuailles ou de bestiaux qu'il faisait sur l'ennemi.

Il lui arriva, entre autres hauts faits,

le 19 septembre, de s'emparer avec cinq de ses camarades de quarante-cinq vaches qu'il enleva du camp des Alliés, au moulin de l'Arbrisseau et qu'il fit rentrer dans la place qui reçut ce ravitaillement avec enthousiasme.

Mais la matière est inépuisable et les prouesses accomplies au siège de Lille de 1708 sont innombrables.

Nous ne pouvons que conseiller à tous les Lillois, curieux de connaître les hauts faits de leurs aïeux, de se procurer la brochure qu'a publiée la Commission historique sous le titre de :

A propos du deuxième centenaire du siège
    de Lille et de sa citadelle, 1708-1908.

Ils la trouveront chez les libraires de Lille et ne regretteront pas les quelques décimes qu'ils auront dépensés.

DELILLE

FABER
FABRICANDO
FIT

PETITE COLLECTION LILLOISE

VOLUMES PARUS :